ANTI-PRADT,

OU

CONSIDÉRATIONS GÉNÉRALES

SUR LES COLONIES

ET SUR L'AMÉRIQUE,

POUR SERVIR D'ANTIDOTE AUX DOCTRINES MÉTROPOLICIDES
DE M. L'ARCHEVÊQUE DE MALINES.

PRIX : 1 FRANC.

A PARIS,

CHEZ ANTHELME BOUCHER, IMPRIMEUR-LIBRAIRE,

RUE DES BONS-ENFANTS, N°. 34 ;

ET CHEZ TOUS LES MARCHANDS DE NOUVEAUTÉS,

AU PALAIS-ROYAL.

1822.

ANTI-PRADT,

OU

CONSIDÉRATIONS GÉNÉRALES

SUR

LES COLONIES ET SUR L'AMÉRIQUE.

———

Les colonies, considérées en général, sont l'établissement de l'homme en société sur la terre, qu'il est né pour habiter et pour cultiver.

Exister est sa première loi, se conserver est la seconde.

Le premier fruit qui s'offre à son appétit est pour lui l'univers; le second qu'il trouve est la découverte d'un nouvel hémisphère.

C'est au développement successif de ses facultés, c'est à l'impulsion de ses besoins qu'il doit l'agrandissement de son horizon et que son domaine s'étend. Sous ce rapport, la géographie ancienne et moderne n'est autre chose que l'histoire de sa civilisation : Adam n'est donc pas le seul homme qui ait été chassé d'un paradis terrestre, et Christophe Colomb n'est pas le premier qui ait découvert le Nouveau-Monde.

Ce fut d'abord sur les animaux que les hommes conquirent la terre; plus d'un Las-Casas pourrait décrire et déplorer aujourd'hui la cruauté avec laquelle les naturels du pays ont été partout chassés, sacrifiés et immolés à l'avidité des premiers Almagres et des premiers Pizarres. Que dis-je, cette guerre affreuse d'usurpation et d'extermination dure encore et durera toujours; pourquoi nous le dissimuler? Chacun de nous n'a-t-il pas trempé ses mains dans le sang innocent ? La colombe gémissante, la brebis plaintive, réclament en vain leurs droits sacrés, ils sont tous les jours impitoyablement mis à mort; leurs membres palpitants sont déchirés, ils deviennent la proie sanglante et l'infâme pâture d'hommes qui se disent remplis de sensibilité !

La destruction est-elle donc une loi contre laquelle proteste en vain l'amour de l'ordre et de la conservation ? Les genres et les espèces, à peine sortis des mains du Créateur, deviennent la proie les uns des autres ; ils se dévorent, s'assimilent et disparaissent. Naître et périr semblent une loi de la nature. Tout est entraîné par elle dans le torrent et court s'ensevelir successivement dans l'océan des âges !

Êtres éphémères que nous sommes! croyons-nous pouvoir exister plus d'un jour? Que parlons-nous des conquêtes du génie sur le temps? que parlons-nous d'immortalité, lorsqu'à chaque minute nous mourons, et qu'il nous reste à peine une seconde pour nous fixer sur un point !

Ce point est la terre dont nous osons nous attribuer à nous seuls la propriété, quand cette terre elle-même nous la conteste, nous échappe, et fuit sous nos pas tremblants et usurpateurs.

A quoi faut-il donc s'arrêter ? et que sommes-nous, misérables humains ? Ne voyons-nous pas que, vains jouets du sort ou plutôt de forces inconnues, dont notre orgueilleuse raison s'efforcerait en vain de méconnaître ou de maîtriser la puissance, il faut, malgré nous, nous y soumettre, et nous hâter de poser sur cette seule base solide le premier fondement de notre société.

Concluons de-là la nécessité d'un culte ; reconnaissons que nos moyens naturels sont bornés ;

avouons notre faiblesse, et réunissons nos efforts pour établir sur un système religieux les principes de la morale publique et les conditions du pacte social.

Où trouverons - nous des titres plus sacrés de la propriété? d'où ferons - nous découler plus naturellement les principes des lois civiles, dont la justice repose sur l'identité d'organisation, de besoins, de devoirs et de droits réciproques?

Hâtons - nous de former des familles et d'en reconnaître les pères; d'instituer des sociétés et d'en reconnaître les chefs; faisons dériver le droit naturel, le droit civil et le droit politique de cette origine sacrée : combien n'est-elle pas antérieure et au-dessus de cette volonté générale, qui ne peut jamais offrir qu'une base équivoque de l'intérêt de tous, quand elle n'est le plus souvent que l'expression d'un intérêt particulier et aveugle.

Ce point fixe, bien reconnu, sera le point d'appui sur lequel l'état doit s'affermir et toute révolution cesser; car qu'est-ce que révolution? c'est le déplacement fortuit des éléments de la société, qui, dans le tourbillon, se choquent, se heurtent, se détruisent, jusqu'à ce qu'une main régénératrice les remettant à leur place, reproduise heureusement le calme qui n'est que la suite naturelle de leur concours et de leur harmonie, jusqu'à ce que cette main puisse lier et cimenter les fondements de la restauration définitive, de laquelle seule nous pouvons attendre une félicité permanente et durable.

C'est à cette période que nous sommes parvenus aujourd'hui, et c'est dans ces moments heureux qu'un sophiste ose nous dire que « l'Eu-
» rope n'a plus que trois grandes affaires à trai-
» ter, *les colonies*, *la consolidation de la*

» *France et la régularisation de l'ordre reli-*
» *gieux à l'égard de l'ordre civil.* Nous ne par-
» lons pas, dit-il, de la quatrième : *l'établis-*
» *sement de l'ordre constitutionnel.* »

Il est évident que l'auteur veut remettre quatre choses jugées en question, et qu'il faut s'em-
presser d'établir précisément le contraire de ce
qu'il avance, non pour le plaisir vain de le con-
tredire, ou pour satisfaire à l'amour-propre bien
inutile de réfuter des raisonnements faux, mais
parce qu'il est de fait et de toute vérité que ce
fut quand l'Europe et la France voulurent s'oc-
cuper de leurs colonies, qu'elles furent aussitôt
détruites et incendiées, et que la révolution, fille
de leur prétendue indépendance, commença.

Quand la France voulut *se consolider*, le trône
s'écroula ; quand on voulut *régulariser l'ordre
religieux à l'égard de l'ordre civil*, la religion
fut méconnue et l'autel se renversa ; l'*Etablis-
sement de l'ordre constitutionnel* fut l'époque
du bouleversement général, au milieu duquel
nous fut donnée une série de constitutions qui,
se proscrivant les unes les autres, ne constitué-
rent rien que l'anarchie la plus complète, légiti-
mèrent les désordres les plus affreux, et n'éle-
vèrent sur des bases de boue et de sang que le
trône d'un usurpateur.

Taisez-vous donc *sur les colonies*, lui dirai-je,
elles sont la source de la prospérité de l'Europe
que votre indiscrétion téméraire pourrait tarir ;
taisez-vous, et imitez la nature profonde et silen-
cieuse dans ses ouvrages.

Taisez-vous *sur la consolidation de la France* ;
elle a recouvré ses monarques légitimes : qui pourrait tenter d'altérer la solidité de son affection
pour eux? ils régnèrent quinze cents ans sans *cons-*

titution, et *vos constitutions* n'ont été que le pré-texte ou l'occasion d'un forfait dont la France n'aurait jamais été souillée. Sa véritable constitution est dans la Charte que le Roi lui a donnée, dans les devoirs à jamais inviolables de sa soumission, dans son obéissance, et dans son amour pour ses souverains.

Taisez-vous sur la *régularisation de l'ordre religieux à l'égard de l'ordre civil* : s'il y a quelque chose d'irrégulier, ne songez qu'à vous, tâchez de vous rectifier, ou craignez de tomber mort en touchant l'arche d'alliance : n'est-elle pas redevenue l'objet des hommages, des respects et du culte le plus sincère ? Les idoles sont renversées, les faux dieux sont détruits et les veaux d'or sont en poussière; taisez-vous : suivez, et respectez la loi sainte.

Les colonies, envisagées sous le point de vue le plus général, ne sont en effet que l'établissement de la société humaine sur la terre.

Ce sujet n'est pas neuf; dans tous les temps il fut l'objet des méditations des plus grands hommes ; il fut l'un des termes du problème fameux du souverain bien, la condition nécessaire du meilleur des gouvernements, la pierre philosophale, en un mot, du bonheur de l'espèce humaine que personne n'a jamais pu trouver : en vain chercherions-nous à le résoudre ; les expériences en ce genre sont devenues des catastrophes funestes. Vingt-cinq ans d'essais infructueux que nous venons de faire ne peuvent-ils nous corriger ?

Quand nous quittera donc cette funeste manie de détruire et de révolutionner ?

Les dissertations oiseuses sur ces questions délicates et dangereuses étaient autrefois enveloppées de voiles épais et cachées sous des hiéroglyphes sacrés : la doctrine secrète des mystères d'Isis, confiée aux seuls hiérophantes, n'était pas, comme aujourd'hui, exposée à l'indiscrétion des profanes et prostituée au vulgaire.

Puisque la vérité devait devenir si funeste aux hommes qu'elle a éblouis, n'est-il point à regretter qu'elle ne soit pas restée au fond de son puits.

Qui peut raisonnablement admettre le système faux et erroné d'une perfectibilité indéfinie?

Nous n'avons que cinq sens; leurs combinaisons et leurs développements ont des bornes; c'est un aveuglement que de vouloir passer outre !

L'espèce humaine, comme toutes les autres espèces d'animaux, a ses limites prescrites d'après son organisation. Elle peut arriver, mais elle ne saurait aller au-delà. Quelle que soit, à ses propres yeux, la sublimité de ses conceptions et de sa raison, elle est mue et entraînée par un mouvement matériel et automatique auquel elle obéit, et n'a pas assez de force pour se soustraire : c'est ce qu'elle appelle *destin*, parce qu'elle ne peut l'empêcher, comme elle appelle *hasard* les combinaisons qui s'élèvent au-dessus de ses calculs.

Par-delà certaines méthodes de mathématiques qu'on appelle transcendantes, parce qu'elles servent de lisières et de télescopes à notre entendement chancelant et aveugle, il n'y a plus que vague et obscurité : nous retombons, malgré nous, dans l'ornière de la routine et de l'habitude.

Rien de nouveau sous le ciel, tout a déjà été fait, dit et pensé.

Les hommes, placés dans les mêmes circonstances, font, disent et pensent les mêmes choses.

L'espace et la durée de leurs actions, de leurs institutions, de leurs civilisations, sont pour ainsi dire fixés et circonscrits ; la société des hommes la mieux constituée et la plus constante, d'après le témoignage des monuments de l'histoire les plus anciens et les plus authentiques, ne reconnaît pas trois mille ans d'existence.

On dirait que le monde moral est comme le monde physique ? que ce n'est qu'à mesure qu'une partie s'enfonce dans les ténèbres, que l'autre émerge à la lumière ; il perd d'un côté ce qu'il gagne de l'autre !

La succession des peuples est comme celle des générations ou des individus, il n'y en a peut-être qu'un certain nombre réglé par la nature qui puisse exister à-la-fois sur le globe.

L'équilibre des êtres coexistants n'est pas une chimère ; Buffon nous l'a appris, et nous a dit que, si une espèce ancienne était détruite, il en naîtrait à l'instant une nouvelle. Il ne saurait donc exister plus d'individus, plus de sociétés, plus de républiques ou plus d'empires que le nombre ou l'étendue permis par la nature ; la terre elle-même est bornée et serait insuffisante pour les nourrir, pour les maintenir, ou pour les étendre.

Pourquoi donc déshériter des nations anciennes pour en investir de nouvelles ? Laissons faire et agir la nature ; à elle seule appartient cet ouvrage insensible et ce résultat ; à elle seule appartient le droit de vie et de mort : après moi, mes propriétés sont à mes enfants, c'est dans l'ordre ; mais pour en accélérer l'effet, faut-il que que mes enfants deviennent parricides ? Quelques peuplades indiennes, à la vérité, sont dans l'usage

quand leurs vieux pères débiles et caducs ne
peuvent plus se soutenir, de les placer sur des
branches d'arbres : s'ils tombent, ils les extermi-
nent ; mais ce n'est que pour les soustraire au
supplice de la vie, c'est une humanité barbare,
de laquelle on ne peut conclure que les mouve-
ments d'une tendresse égarée.

Ne soyons donc pas plus sages que la nature,
gardons-nous bien surtout de vouloir usurper ses
droits ; il ne faut la seconder, quand elle arrive à
son but, que pour éviter les secousses, les crises
et les révolutions qu'il faut bien prendre garde de
faire naître ou de provoquer.

Il n'appartient qu'aux bons esprits doués de sagesse et de prévoyance, d'attendre le point de maturité ; c'est un crime de l'accélérer par des moyens
violents sur l'efficacité desquels un orgueil cou-
pable nous abuse. Imitons la sagesse des anciens
législateurs qui fondèrent les états, ou de ceux
qui les gouvernèrent avec tant de profondeur et
de prudence ; ce fut par des degrés insensibles
qu'ils se montrèrent les lumières et les précep-
teurs du genre humain.

Le corps politique naît, il a ses âges d'adoles-
cence, de maturité et de décrépitude ; c'est à les
bien connaître ces périodes de sa vie que s'appli-
que l'art de la législation et des gouvernements.

Telle institution vieillit, tombe d'elle-même en
désuétude et ne s'abolit que quand il n'en doit
résulter aucun déchirement dans l'état ; telle autre n'est supprimée que quand il est clair que
c'est le bien être de la société qui le réclame.

Voyons ce que firent autrefois les plus grands
monarques dans nos temps modernes, Louis XII,
François Ier., Henri IV, Louis-le-Grand, Cathe-
rine de Russie, Joseph II d'Autriche, le Roi de

Prusse et le parlement d'Angleterre. Par combien de sagesse et de prévoyance n'ont-ils pas prévenu les révolutions qui menaçaient leurs états, réparé les maux qu'avaient causés quelques crises inévitables et profité des leçons d'une funeste expérience! Avec quelle adresse n'ont-ils pas fait tourner à la gloire de l'état cette effervescence, cette activité inquiète d'individus remuants et dangereux qui pullulent comme les insectes après l'orage à la suite des longues guerres et des grandes révolutions! Ils ont senti la nécessité de leur ouvrir une issue et de leur donner un écoulement comme à la lave brûlante qui flue après l'explosion terrible d'un volcan.

Mais jamais ils ne sont partis du principe faux qu'on doit guérir une vieille passion par une passion nouvelle, éteindre un fanatisme ancien en allumant un fanatisme nouveau ; ils se sont appliqués, au contraire, à changer des dispositions destructives en vues réparatrices, l'esprit guerrier en esprit agricole et conservateur. Car la politique la plus sage fut toujours d'adoucir des passions féroces et pleines de violence en leur substituant les plus douces affections de la nature.

Le coutre de la charrue qu'est-il autre chose, en dernière analyse? sinon le glaive exterminateur de la guerre, dont la paix a changé la destination. Au lieu de le plonger dans le sein des hommes, elle l'emploie à ouvrir doucement et à féconder les entrailles de la terre !

Si nous voulons alors considérer les colonies sous un point de vue particulier, nous en verrons les établissements fondés et dictés par la sagesse la plus éclairée. Les colonies anciennes furent des migrations volontaires et paisibles;

les lois, les sciences et les arts les suivirent et pas-
sèrent successivement de l'Égypte dans la Grèce,
de la Grèce à Rome, et de Rome dans tous les
pays où, éteignant enfin leurs foudres guer-
rières, les Romains vainqueurs s'amalgamèrent
avec les peuples conquis, et à la faveur de la paix
concoururent à leur prospérité et à leur bonheur.

La langue de Rome devint celle de l'Univers
entier; comme ses mœurs, comme ses lois qui le
gouvernèrent encore long-temps après la destruction de l'Empire.

La force ne fit jamais droit et n'aurait eu au-
cune stabilité ni durée, si la douceur des lois
n'eût adouci la rigueur et la violence du joug, et si
l'intime persuasion n'eût enfin légitimé l'affreuse
conviction de la guerre.

Il est donc d'une démence atroce d'imaginer
un plan de fonder des colonies, le fer et la torche
à la main. Les peuples conquérants et les peuples pasteurs et cultivateurs ne peuvent pas s'unir
ensemble; ces derniers sont des moutons qui
seront toujours dévorés par des tigres.

Pour conserver, faut-il donc détruire ? Eh !
comment s'acharner à confondre des notions
aussi simples ?

Les Goths, les Visigoths et les Vandales étaient-
ils des colons ? Le brigandage n'est-il pas l'enne-
mi et le destructeur de toute espèce de civilisation ? Loin de considérer comme colonies, les
débordements divers de ces féroces enfants du
nord, ne voit-on pas que, partout où ce fléau dé-
vastateur s'est répandu, les arts et la civilisation
ont été détruits pour long-temps ? Que rien n'en
est resté que l'affreux despotisme des barbares
qui ont condamné des continents entiers quoique

très fertiles, et le berceau du genre humain, à un état éternel de mort et d'anéantissement?

Parcourez tous les anciens empires détruits, ceux même dont les noms sont effacés sur le globe; ils furent tous brisés, anéantis par le fer du despotisme militaire et par la fureur des conquêtes.

L'Égypte, la Grèce, les bords de l'Euphrate et ces belles capitales du monde, les villes de Romulus et de Constantin, que sont-elles aujourd'hui, sinon les mausolées lugubres de leur grandeur ensevelie sous leurs ruines? Les plaines cultivées qui les entouraient ne sont maintenant que les vastes tombeaux des nombreuses générations qui y sont ensevelies.

Les féroces conquérants du Mexique et du Pérou ne sont eux-mêmes devenus Colons qu'après avoir cessé de détruire. Il fallut tout l'esprit de conduite, la sagesse, la patience et le génie créateur des Dogeron et des Duparquet pour changer tout-à-coup leurs horribles compagnons, de flibustiers qu'ils étaient, en planteurs laborieux, respectables et sédentaires.

Et l'on voudrait nous faire marcher sur les traces ensanglantées d'Almagre, de Pizarre et de Cortès, pour aller porter tous les genres de destruction au sein des belles provinces de la Nouvelle-Espagne, dont les arts, les sciences et la somme de bonheur réel peuvent déjà se comparer à ce que l'Europe a de meilleur et de perfectionné!

Mahomet, Fernand de Lucques et Lavalle Viridi furent des fanatiques affreux, mais ignorants et peut être de bonne foi; un archevêque philosophe de nos jours, connaissant la fausseté de ses principes , les surpasserait tous. Je ne puis l'expliquer qu'en comparant son zèle outré à la rage du dogue *Bérécillo* ou du levrier *Brutus* (1).

Il est démontré, par les faits et par l'expérience, que les conquêtes ne peuvent être le moyen dont l'établissement et la fondation des colonies seraient la fin, puisque l'objet de la conquête est de détruire, et celui de la colonie de créer, de fonder et de conserver.

Il est prouvé que les conquérants, après avoir détruit la population et les naturels du pays, n'ayant plus rien à leur demander, sont forcés de s'adresser à la terre elle-même, et d'employer le seul moyen de lui faire une guerre utile, je veux dire *la culture*.

Voilà donc le guerrier transformé en laboureur : eh ! que de crimes inutiles pour acquérir une possession que des crimes pareils peuvent lui ravir et lui faire perdre à son tour, sans qu'il ait rien à répondre au reproche qu'on lui fait de son usurpation ancienne, par lequel la nouvelle ne manque jamais de se légitimer ! tant il est vrai que la force et la violence n'ont jamais fait droit , et qu'il faut toujours en revenir aux douces lois qui seules peuvent affermir et constater la possession, la jouissance et la propriété paisibles.

Avant de songer à établir des colonies, il semble qu'il serait plus sage de considérer et de bien examiner s'il ne serait pas plus avantageux de garder la population prétendue surabondante dont on veut se défaire. Que penserions-nous d'un père qui dirait à ses enfants pour se dis-

---

(1) C'est le nom de deux chiens élevés en grade, portés sur les états de solde de l'armée espagnole, pour avoir dévoré les Indiens du Mexique et du Pérou.

penser ou de leur donner une éducation, ou de leur apprendre un métier, ou de leur procurer un moyen quelconque d'industrie : allez, voyagez, prenez tout ce qu'on voudra libéralement vous donner, et quand cette ressource vous manquera, vous aurez par la force tout ce que de plus faibles que vous ne pourront pas défendre ? Ceci démontre bien que la misère, le vol et la mendicité sont les enfants naturels de l'oisiveté, de l'insouciance et de la paresse, et que le seul prix légitime du travail est la propriété, le salaire et l'abondance.

Si nous appliquons ces principes simples aux nations, qui ne sont en effet que de grandes familles chargées de nombreux enfants dont les bras leur paraissent quelquefois dangereux et inutiles, je demanderai si jamais des nations civilisées peuvent avoir le droit d'enfanter des légions de brigands et de leur octroyer la mission de partir pour aller ravager la terre?

Je sais que des hordes de barbares se sont, dans tous les temps, répandus et jetés du nord sur le midi, des montagnes dans les plaines, des déserts sur les empires les plus florissants qu'ils ont conquis, envahis et détruits. Attirés par la douceur du climat, par l'appât de l'or ou par les jouissances de la vie, ils sont tombés comme des lions affamés sur des animaux heureux et paisibles, par conséquent faibles et sans défense : mais qu'en conclurons-nous? Rien, sinon que les enfans d'Odin ne connaissaient que le droit du sabre, qu'ils eussent tourné les uns contre les autres, en s'exterminant comme ces légions de sauterelles ou de fourmis qui se dévorent entre elles quand elles n'ont plus de pâture ?

Est-ce donc à des bêtes féroces que les enfants d'un siècle de lumières devraient être comparés?

L'Europe riche, puissante, industrieuse, civili-
sée et savante, n'a-t-elle rien de mieux à offrir
aux générations qui fourmillent dans son sein?
Le sol de l'Europe est - il donc las de produi-
re? ce continent est-il menacé d'un envahis-
sement prochain ? l'habitude de la guerre a-t-
elle produit le dégoût des jouissances de la
paix? les sciences et les arts sont-ils anéantis? les
manufactures sont-elles détruites? ses champs ne
suffisent-ils plus à nourrir les peuples qui les cul-
tivent? sont - ils tous défrichés? les canaux du
commerce sont-ils obstrués. Cependant le tem-
ple de Janus est fermé, la paix est universel-
le, et nous serions réduits, comme Saturne, à
dévorer nos enfants! Voilà cependant les conséquences qu'il faudrait tirer de l'ouvrage de
M. de P.... *sur les révolutions d'Amérique*, s'il ob-
tenait crédit, s'il pouvait mériter qu'on y ajoutât
foi, ou si jamais il passait à la postérité.

Il suffira, pour en faire justice, de l'expérience funeste de quelques individus, s'il s'en
trouve qui, sur la parole de M. l'abbé, veuillent
tenter une expédition aussi incertaine.

Aujourd'hui que tous les maux de la révolution
ont cessé d'épouvanter l'Europe, quelle nécessité
peut-il y avoir de se jeter sur l'Amérique? Ce
conseil ne peut s'adresser qu'à des gens à parti, à
des hommes criminels ou compromis. Eux seuls
peuvent le goûter ou le suivre. Mais, sous un
monarque rempli d'humanité, de douceur et de
clémence, que de forfaits peuvent se changer en
vertus ! que d'intentions perfides finiront par
rougir de ne lui avoir pas encore montré un
attachement sincère et fidèle ! Que d'encou-
ragements n'offrent pas à toutes les classes de
la société cette magnanimité royale, cette bon-

té paternelle, toute remplie de pardon et d'in-
dulgence! Bientôt il sera vrai de dire et de penser que, *loin de supporter impatiemment le
monarque que des étrangers nous auraient imposé*, lui-même nous a reconquis, et s'est imposé
une couronne environnée de périls et d'orages.
Dès qu'il a reparu au milieu de nous, semblables
à des enfants revenus d'un égarement funeste,
tous, d'un mouvement spontané et unanime, nous
nous sommes empressés de voler dans ses bras, et
nous nous sommes confondus dans le sein d'un bon
père!

Si l'Amérique est sage, elle repoussera les in-
trigants, les ambitieux, et tous ces aventuriers
que M. de P..... voudrait envoyer dans son sein
pour le déchirer, pour organiser la plus épou-
vantable révolution qui fut jamais, et pour changer en un vaste tombeau le sol heureux sur lequel commence à fleurir et à croître une civilisation toute brillante de la jeunesse des peuples
nouveaux. Elle marche avec rapidité vers des
progrès et des développements immenses de
force, d'intelligence, de prospérité et d'énergie.
Et tant d'espérances seraient détruites! Non, l'A-
mérique, déjà forte, n'en sera que plus sage, et
profitera des folies dont nous sommes heureusement guéris et complètement désabusés.

Les principes révolutionnaires ne sont prati-
cables nulle part; chacun doit craindre de les ac-
cueillir ou de leur donner asile; c'est la lice qui
s'empare de la demeure qu'on lui prête, et qui
s'y renforce de ses petits, pour repousser avec
violence le légitime propriétaire. Dans quel pays,
quand et par quel moyen le vol et l'usurpation
peuvent-ils jamais s'établir, obtenir faveur ou
crédit? ce ne peut être que par la guerre, par les

troubles ou par la destruction, moyens qui doivent aujourd'hui faire horreur à tout être raisonnable et pensant.

Ne sommes-nous pas dégoûtés de révolutions? Voulons-nous encore en devenir les victimes? les résultats n'en sont-ils pas assez affreux? qui pourrait essayer de nouveau d'aussi funestes expériences?

Cependant c'est à présent l'occasion ou jamais (et je remercie M. de P.... de me l'avoir fournie), c'est, dis-je, l'occasion de parler aux hommes le langage de la vérité et de leur montrer clairement leurs plus chers intérêts. Si donc, après avoir essayé de conserver ses enfants dans son sein par tout ce qui peut les y attacher et les rendre heureux, la patrie consentait à s'en séparer, et croyait devoir céder à des inquiétudes qui deviendraient un besoin, j'essaierai d'indiquer des moyens simples et raisonnables de les satisfaire.

Est-on bien convaincu de la nécessité de conserver nos anciennes colonies? voudrait-on croire à la possibilité de recouvrer celles que nous avons perdues, ou songerait-on seulement à en établir de nouvelles? Qu'il me soit permis de proposer modestement quelques considérations, et de démontrer le but auquel on peut raisonnablement atteindre sans rien innover, et sans d'autre effort que de développer les principes et les moyens déjà connus, que de favoriser l'accroissement et la prospérité des établissements déjà faits, de se resserrer dans les limites prescrites, d'en tirer des conséquences justes, et d'arriver tout naturellement à la solution du problème.

Je me propose de considérer, dans un ouvrage dont cet article n'est qu'un extrait, d'abord, les rapports actuels, non-seulement de l'Amérique, mais des autres continents avec l'Europe. Je ne prétends point fonder des royaumes ou des empires nouveaux, mais je démontrerai, au premier coup-d'œil, qu'il y a bien assez d'espace dans les quatre parties du monde pour y placer telle colonie que l'on voudrait y établir d'une manière avantageuse pour sa prospérité et pour celle de la métropole. J'indiquerai les conditions du contrat à faire, et la possibilité de fixer les époques de l'émancipation ou de l'indépendance des établissements à former, sans blesser l'harmonie des intérêts réciproques.

Imprimerie Anthe. BOUCHER, rue des Bons-Enfants, nᵒ. 34.